Lb 2959.

FEUILLETS

MONARCHIQUES,

PAR

R. F. ADDENET,

Propriétaire à Paris.

> Les grands maux se guérissent
> par des meurtrissures livides, et
> par les plaies les plus profondes.
> (*Salomon.*)

PARIS.

IMPRIMERIE DE Vᵉ DONDEY-DUPRÉ,
RUE SAINT-LOUIS, 46, AU MARAIS.

—

1839

AVANT-PROPOS.

Cet ouvrage, naturellement d'une nuance toute légitimiste, paraîtra sans doute intempestif, après cinquante ans et plus de tendance anti-royale, et d'essais, non pas infructueux, mais bien infortunés, pour l'exhumation des anciennes républiques, et l'appropriation de leur gouvernement au système rêvé par les philanthropes et songe-creux, dont l'abbé Raynal commence la série. Les encyclopédistes, ou autres, ne valent plus la peine d'être nommés, à part les hautes connaissances et le génie qu'ils ont tournés *fraternellement* contre leurs frères en Dieu, pour sortir d'un rang où des lauriers vierges et sans flétrissures pouvaient satisfaire leur ambition et rémunérer leurs glorieux travaux.

Quant aux républiques, leur courte durée, comparée à celle de quatorze siècles consécutifs du trône en France, n'a pas suffi pour empêcher l'amourachement des Français en fait de choses nouvelles. Le malheureux monarque Louis XVI, par trop de propension à leur être agréable, en fut la première et auguste victime; et cinquante ans et plus, ce nouveau minotaure décima et décime toujours les familles honnêtes, mises comme en sacrifice réglé pour assouvir sa soif dévorante du repos humain.

Dire pourquoi l'on cherchait un bonheur idéal dont l'image séduisante, en fascinant tous les yeux, reculait, dans une proportion presque gigantesque, à mesure qu'on pensait la saisir, c'est là ce qu'on laisse à trouver ici au lecteur judicieux de ce petit ouvrage.

J'ajouterai seulement que ma famille et moi nous avons beaucoup souffert, et qu'il est écrit dans l'intention de préserver l'avenir de pareils maux, et non avec l'arrière-pensée ou de récriminer ou de nuire à aucune espèce de gouvernement que le ciel nous imposerait dans sa colère, et las enfin, comme Jupiter, des clameurs des grenouilles demandant un roi.

Quant à mon opinion, basée sur l'histoire, elle incline entièrement du côté de la monarchie héréditaire sans solution, parce que les passions rencontrent moins de moyens de se faire jour et de se former en courant dévastateur, et je ne crois pas être susceptible de l'accusation de liberticide en la professant; car j'ai toujours été un ami sincère de la véritable liberté, mais un ennemi juré de la licence, quelle que soit sa couleur.

PRÉCIS HISTORIQUE.

En 1789, la bourgeoisie heureuse se plaignait de son sort ; déjà le démon révolutionnaire avait gagné son cœur, comme il arrivera toujours dans ce monde, quand l'amour des devoirs se relâche pour faire place aux sentimens présomptueux. L'excès de la prospérité la perdit ; aussi embrassa-t-elle avec avidité cette ère, soi-disant fortunée, des idées novatrices, dont le motif, caché à ses faibles yeux, tendait au renversement du trône et de l'autel, qui avaient jusque là protégé ses ancêtres, durant douze siècles, contre l'invasion des réformateurs philosophes, sectaires, francs-maçons et autres ambitieux ; enfin, son état constant de félicité lui apparut trop uniforme du moment où elle prêta l'oreille aux perfides suggestions, et son bonheur s'éteignit.

Bientôt alors la plupart de ses membres, riches et honorés par les priviléges sans nombre dont ils jouissaient au sein de l'abondance, s'agitent en tous les sens, se croient lésés dans leurs intérêts les plus chers, s'alarment de ce qu'ils regardent comme un repos léthargique, et cherchent un rang plus élevé par l'acquisition de ce qu'on appelait à cette époque des *savonnettes à vilains*. Pourvus d'un vain titre, et se supposant sortis de leur abjection, ils regardent leurs familles, restées immobiles au milieu de la tourmente, avec un air protecteur, en se faisant, pour ce misérable avantage, et sans même s'en apercevoir, le jouet des nobles auxquels ils étaient redevables de ce premier pas sur la tangente de la sphère roturière.

Un moraliste, à ma place ici, dirait : « Pauvre espèce » humaine, il vous faut des hochets à vous, que le ciel » semble avoir pris plaisir à combler de ses véritables » biens ; à vous, ses prédestinés sur la terre ; à vous, » enfin, exempts de l'impôt des bassesses que les cours » prélèvent sur les courtisans, victimes trop nombreuses » de l'appât trompeur d'une domination fictive, qui, » dans le fond, recèle les chaînes et les dégoûts les » plus amers ! »

Mais un semblable moraliste se serait escrimé à tort dans ces temps de fièvre ardue ; le délire allait croissant, et c'eût été jeter de l'huile sur un incendie. Ainsi vont les choses en France, comme en fait de maladies inflammatoires ; les périodes suivent les périodes, et la sagesse humaine la plus mûrie par l'expérience n'y peut rien.

Aussi les phases de cette perturbation eurent-elles leurs apparitions successives. Le plus petit marchand alors, le plus souvent affilié à la franc-maçonnerie de bas degré, de nos jours franc-maçonnerie de cabarets et d'estaminets, se trouvant, selon lui, dégagé de l'antique réseau social, au milieu duquel toutefois s'écoulaient les destinées exemptes de soucis, de péril et d'anarchie, se lève, prend les armes, et s'offre pour combattre contre les prétendus despotes, dont les traits lui sont signalés sous les couleurs les plus noires. Il réclame ses droits supposés, comme partie intégrale de l'état; tout bientôt lui est octroyé par les meneurs occultes, qui le poussent, à son insu, pour le ranger sous leur drapeau en qualité d'auxiliaire.

C'était en effet un puissant renfort que la bourgeoisie, dont les femmes, enrichies par les épouses des grands seigneurs, éprouvaient une certaine humiliation à s'entendre qualifiées par celles-ci, peut-être avec trop de morgue, du nom banal de *demoiselles*. La guerre d'amour-propre à cet égard, sans rappeler l'*Énéide*, est, on le sait, chez les femmes surtout, la plus volcanique; cette dernière, du moins, ne manqua pas de l'être complètement. Peut-être bien devons-nous à sa fermentation long-temps concentrée nos cinquante ans d'angoisses et de ruine. Chez tous les peuples, l'histoire nous montre les femmes comme l'ame des changemens notables en tout genre, et l'histoire, souvent oubliée à dessein, est une grande institutrice pour les nations lasses de bouleversemens.

Bref, l'on vit bientôt, dans ce temps, ce qu'on appelle aujourd'hui le boutiquier trancher du grand seigneur dans sa mise, et venir vous arranger ou vous meubler vos appartemens avec l'épée au côté, et couvert d'un habit de cour, le jabot et les manchettes en dentelles, les cheveux frisés à petits crochets, saupoudrés et ornés d'une bourse. Le bourgeois gentilhomme n'était vraiment plus que de la *saint-jean* à côté d'un anachronisme de condition si burlesque : qu'on se figure un boutiquier de cette sorte, quittant son chapeau sous le bras et son épée, pour poser de la moquette à plat-ventre, dans un salon, où le comte ou le marquis, habillé de la même manière, réclame ses services, et l'on jugera sans doute que si Molière était venu plus tard, sa pièce inimitable, dans l'ordre chronologique, eût été d'un comique à se pâmer, et propre à guérir radicalement les hypocondriaques les plus mélancoliques.

On se plaint maintenant d'être commandé, dans les rangs de la milice citoyenne, par son perruquier, son boulanger ou son boucher ; en vérité, il faut avouer qu'une telle plainte est tout-à-fait saugrenue, en comparaison de tels documens historiques.

Pourtant beaucoup de ces grands seigneurs de nouvelle caste, braves gens du reste comme porteurs de maîtrises et appartenant aux jurandes, étaient excusables : on avait trompé leur bonhommie, capté leurs faibles et séduit leurs passions. Beaucoup, disons-le franchement, croyaient à la réforme d'abus chimériques. On leur faisait envisager Louis XVI comme le chef de cette noble tâche de réforme, tendant à rendre ceux qui composaient sa cour moins prétentieux, plus disposés à servir les intérêts du peuple, et enfin, à seconder ses vues généreuses pour une amélioration générale. Malheureusement ce roi trop bienfaisant se prêtait, dans ce sens, à donner un puissant crédit à cette disposition, dont ses ennemis ne pouvaient manquer de tirer un redoutable avantage contre lui-même.

Les intrigans contemporains, qui jamais ne font défaut en aucun temps, au milieu des désordres civils, ne manquèrent pas d'exploiter une circonstance aussi opportune. Tous employèrent leurs talens, car ils en ont toujours en qualité d'écrivailleurs mécontens et chagrins, sortirent de leur repaire, et prouvèrent de nouveau que, si l'homme sans capacités et sans études est dangereux, quand aucun frein ne le maîtrise, et devient méchant, rien n'est plus à redouter, dans l'état social, ni plus terrible que ceux qui, doués des moyens de s'illustrer par leurs œuvres, trahissent les fins de la Divinité pour embrasser une cause funeste.

Bientôt, sous le nom séducteur de liberté, nom vague, s'il en fut jamais, ces derniers armèrent la licence, et bientôt ils entraînèrent les masses ignorantes et séduites, par leurs discours trompeurs, au fond du précipice.

Louis XVI, l'infortuné monarque, dépassé dans ses vues, lui-même dut céder au torrent que ces misérables surent faire sortir d'une source destinée à des changemens salutaires. Trop tard, il découvrit le piége de ses perfides conseillers, et ce cruel *trop tard*, comme par fatalité, dut aussi se reproduire après les bacchanales et les orgies des échafauds, au milieu d'un règne où, pour l'honneur français, la gloire, l'humanité, la religion et les mœurs des temps chevaleresques s'étaient comme donné rendez-vous.

Les nombreuses familles honnêtes de Paris furent elles-mêmes subjuguées jusqu'au pied de l'échafaud où se consomma l'immortel holocauste. La commune, composée d'êtres abominables, fit alors répandre le bruit fallacieux que Louis **XVI**, en parlant au moment où devait avoir lieu son exécution, empêcherait, par la puissance de sa parole, l'horrible sacrifice d'être achevé. C'était, comme on l'a su quelques minutes plus tard, un leurre atroce, dont les cannibales les plus avides de sang et de membres humains seraient peut-être incapables de concevoir la diabolique pensée. A bien dire, l'enfer seul commandait dans cette fatale journée d'exécrable mémoire !

Pour moi, bien qu'enfant dans ces jours détestables, j'ai trop vu de choses inouïes par mes propres yeux ; j'en parle avec toute la certitude d'une conscience sans reproches et sans aigreur, seul bien dont la possession m'est et me sera toujours chère, préférablement à la fortune, que j'ai toujours dédaignée, parce que la fortune, reçue de mains abjectes et criminelles, aurait impliqué mes sentimens dans les participations tacites d'un meurtre que j'ai abhorré avec toutes les forces d'une ame pure, surtout en qualité de Parisien.

Quand le grand roi Louis **XVI** eut rejoint ses augustes aïeux, les honnêtes bourgeois revinrent en pleurs dévorer leur affront, et quitter les armes qu'ils avaient prises à regret sous l'horrible dictature de la terreur. Ce moment indescriptible s'est retracé à mon esprit, malgré moi, dans toutes les circonstances de ma vie, il ne s'y effacera jamais, pas plus que le morne silence qui régna, durant la journée du 21 janvier, dans toutes les rues et tous les faubourgs de la capitale, où quelques instans avant un bruit sourd et confus ne semblait laisser aucune espérance de repos. Jamais consternation ne fut plus sévère et plus majestueuse à la fois; c'est un hommage que l'on doit rendre ici au peuple de cette ville, très-coupable, sans doute, des vices engendrés par la frivolité, l'oubli des devoirs religieux et l'entraînement des plaisirs, mais qu'on ne pourra jamais incriminer sous un jour odieux, lorsque, dépourvu de gouvernail, il s'abandonne à son sens intime. Malheureusement pour lui, il est encore demeuré le même après les orages de l'adversité : les déceptions les plus humiliantes, les pertes les plus douloureuses, les plus incessans sacrifices en tout genre, ne l'ont point encore guéri.

Ces observations pénibles m'ont comme forcé à prendre la plume, et cela à mon grand regret et même à mon préjudice. Une heureuse obscurité, qualifiée par un poète latin d'*aurea mediocritas*, convenait certes mieux à mon état valétudinaire, à ma propension native aux sentimens affectueux et tendres, ainsi qu'aux chagrins inévitables sortis de cette source sainte, le vrai Pactole du cœur.

Que me ferait maintenant une autre situation, qualifiée d'heureuse par les épicuriens imberbes ou à barbe? Resté seul, après avoir enseveli les parens les plus regrettables, les plus dignes de vénération, et, trente ans plus tard, une respectable et noble demoiselle, qui m'avait soutenu au milieu de ces affligeans devoirs, en résumant toutes les amitiés de ma famille, qu'aurais-je donc en effet à perdre, excepté la vie, devenue un véritable fardeau?

Toutefois, je ne me plains nullement de mon sort, et

ne demande point à le quitter en dehors du parcours de la vie. Les larmes les plus sincères en ont tempéré la rigidité, et, d'un autre côté, les grâces du ciel me sont, pour ainsi dire, venues en aide. Répondre à ses ordres secrets sera toujours, comme je l'ai fait jusqu'à présent, le principal terme de tous mes soins en écrivant.

Dans cette vue, entre un millier d'ouvrages fugitifs, j'avais composé, ou plutôt improvisé, une courte épître au roi don Carlos, et d'autres vers médiocres, parmi lesquels ceux à Zumala Carréguy ont eu seuls les honneurs de l'insertion dans le journal *la France*, simultanément avec les articles anti-révolutionnaires, que M. Delisle, alors directeur de cette feuille estimable, avait bien voulu accueillir. Je les joins ici, à la suite de l'épisode du 21 janvier 93. Toute faible qu'en paraîtra la poésie, ces vers, comme tous ceux sortis de ma plume, serviront à prouver la fixité de mes opinions et de mes pensées. Les marchands de chevaux pourraient, à cet égard, me juger atteint d'immobilité ; toutefois, ce vice rédhibitoire, qui porte les chevaux à se tuer aveuglément, est loin de produire le même effet sur moi ; car il semble avoir calmé les élans de ma juste colère. Enfin, si l'on accusait ma persévérance d'entêtement, peut-être, en dernière analyse, trouverais-je mon absolution dans le malheur assez fréquent d'être né sous une fatale étoile, je veux dire l'étoile révolutionnaire, s'il en est une que les astronomes de l'Observatoire aient oubliée dans leurs fastidieux calculs logarithmiques.

On lira également beaucoup d'autres vers, dépourvus,

il est vrai, du clinquant à la mode ; mais écrits sous les mêmes inspirations. Quant à mes innombrables articles en prose, peut-être plus faibles encore que mes vers, et tous envoyés à mes frais, ou jetés dans la boîte des journalistes de toutes nuances, je ne crois pas flatter mon amour-propre en déclarant que presque tous ont été répandus et goûtés ; et comment, en effet, auraient-ils pu ne pas l'être ? ils tendaient tous au bien-être général, et surtout aux progrès et encouragemens de l'agriculture, les plus essentiels à la France, comparés, dans leurs résultats, à ceux du commerce et de l'industrie, dont la suprématie entière serait un véritable gouffre où se perdraient sans retour les richesses et le bonheur de l'avenir. Enfin, comment auraient-ils pu n'être pas accueillis généralement, ou rencontrer des contradicteurs, ou même des ennemis, eux, écrits sous la dictée de la bonne foi, qui — chez tous les peuples, et malgré les dissidences de gouvernemens, d'intérêts ou de religion, n'a toujours, au fond, qu'une seule et même bannière. Cet accueil général en fut d'ailleurs la preuve la plus convaincante ; du moins, je le présume sans aucune espèce d'orgueil, puisque je n'ai jamais mis mon nom à un seul d'entre eux, ni brigué la moindre récompense, que celle d'être utile à mon pays, en le servant dans l'obscurité de ma retraite.

Après avoir fait connaître ma position sociale par ce peu de mots, on sera peut-être bien aise de lire mon jugement sur ce précis et sur les conséquences inévitables auxquelles les esprits clairvoyans devaient s'attendre :

La république des États-Unis avait répandu en France sa fièvre démocratique; la couronne de Charlemagne et de saint Louis fut perdue de ce même moment; on chercha vainement à cacher son éclat resplendissant sous les feuillages consacrés au bonnet phrygien : cette forme transitoire était une alliance incompatible et le sera toujours; c'est, en définitive, vouloir unir le feu et l'eau. Une monarchie républicaine ou représentative, comme il plaira de la nommer, est, à proprement parler, un monstre, qui peut, ainsi que tous les êtres étrangers à la nature, naître, vivre et se traîner, mais incapable de répondre à son harmonie. Ceux auxquels il doit d'être venu jusqu'à nous une fois morts, il tombera pour faire place au retour de la monarchie pure ou de la république. La lutte en est là maintenant.

Quant aux monarchies électives, elles sont de conformation tout aussi équivoque, et nous en avons des exemples encore récens.

On a cité l'Angleterre, et l'anglomanie est entrée elle-même dans le délire démagogique; mais on a toujours oublié à dessein de compter la puissance aristocratique, et cette puissance manquait à Louis XVI, comme elle manqua plus tard à Charles X, et aurait pu manquer un peu plus tôt à Louis XVIII, si ce prince n'avait pas joué au fin, éclairé qu'il était par les fanfaronnades des chevaliers du poignard, dans la galerie du Louvre, où une noblesse depuis trop long-temps énervée n'était qu'un vain simulacre de force, dont son frère ne voulut pas se servir.

Le mot *constitution* était déjà, en 89, un mot illusoire, un palliatif. Chez les sauvages, dans le sens politique, ce mot a une signification plus déterminée que parmi nous aujourd'hui ; il exprime un accord général, pour l'élection d'un chef destiné à la faire exécuter *per fas* et *nefas*, et les enfans de ce chef sont *successibles* dans le même esprit.

Primitivement, les états-généraux, composés de l'élite des Français, dans toutes les classes, pouvaient-être appelés à seconder le souverain pour des réformes ; mais ils ne pouvaient pas se constituer par eux-mêmes. Bref, la dénomination d'assemblée constituante ne m'a toujours semblé, tout jeune que j'étais dans ces temps néfastes, que l'importation de celle d'assemblée d'un peuple sans état social ; cependant les hommes les plus éminens par leur mérite et leur rang en faisaient partie, et ce fut le plus grand malheur qui pût arriver, parce qu'autrement le ridicule en aurait fait prompte et entière justice. Ils auraient alors apparu tels qu'ils étaient dans le fond, je veux dire des hommes astucieux, opérant un coup de main sans coup férir ; des hommes que le contrat social et les autres ouvrages de J.-J. Rousseau avaient en quelque sorte subjugués dans toutes les classes, nobles, clergé ou tiers-état ; car, il faut le dire, il y avait à cette époque désastreuse engouement et frénésie. Pour moi, j'ai entendu un marquis très-recommandable, très-érudit, très - monarchique, faire le plus emphatique éloge de la Nouvelle Héloïse, sans considérer combien cet ouvrage satanique était, comme les Confessions du même auteur, attentatoire aux bonnes mœurs, ainsi qu'à la religion, au sein de laquelle se trouvent les véritables et solides pilotis des grandes édifications.

Le Contrat social, rempli de paradoxes inextricables et de généralités sentencieuses, avait fasciné les yeux par les charmes enchanteurs du style et de la péroraison.

Jean-Jacques, tout sensuel, parlait à des gens qui brûlaient d'être sensuels ; sa parole magique devait naturellement dans cette prédisposition, forcer à penser comme lui ; mais quand vint l'application de ses principes séducteurs, tout changea bientôt de face. La poésie fictive du rêveur d'Ermenonville fit place à la réalité de la raison, et l'on en vint à conclure que les constitutions improvisées de la sorte sont, à peu de chose près, semblables à des météores, qui, une fois passés, vous laissent dans les ténèbres, tandis que l'expérience des siècles poursuit sa course lumineuse, et ne trompe jamais ceux qui ont le bon esprit de n'en point reconnaître de passagère.

Cependant depuis l'horrible catastrophe de Louis XVI, due aux fausses lumières du dix-huitième siècle, nous en sommes encore à tâtonner ; notre mobilité excessive de caractère et notre soif de changement, même pour les choses ordinaires de la vie, nous livrent encore à l'hésitation. L'on ne saurait donc, afin de nous arracher de cette ornière ruineuse, trop reproduire l'acte criminel qui nous y a plongés ; voilà pour quel motif j'ai composé l'épisode du 21 janvier 93.

ÉPISODE DU 21 JANVIER 93.

Salut, jour de douleur, où le meilleur des rois
Perdit l'espoir, le sceptre et la vie à la fois[1];
Où, livré sans égards aux plus vives alarmes,
Sur ses enfans Louis se répandait en larmes,
Inoculait en eux ses plus doux sentimens,
Leur prêchait le pardon et l'oubli des méchans!

Quels seront nos pinceaux, dans cet instant suprême,
Pour peindre un roi puissant, l'honneur du diadème,
Par de vils factieux traité de criminel,
Traîné comme un parjure, au mépris de l'autel,
Du seuil de son palais, devant une assemblée
Dont plus tard, dans le sang, l'ame s'est révélée.

Faudra-t-il accuser les destins de son sort,
Se faire fataliste....... et d'un coupable essor
Favoriser ici les novateurs occultes,
Ces gens qui, sans lumière, improvisent des cultes,
Trafiquent des fleurons, des titres, des grandeurs,
Et d'un peuple aux abois se disent les tuteurs?

Misérables tyrans d'un pouvoir redoutable,
Familiers de tripots que la débauche attable,
Protecteurs des bas lieux, des antres les soutiens,
Le ferment des complots cimente leurs liens!
Pensaient-ils sur la mort rétablir leur fortune[2]?
Dénués de génie, en leur ardeur commune,

---

[1] J'avais mis pour second vers :
    « Reçut de ses sujets le martyre et la croix ; »
mais j'ai craint que la chute de ce vers ne se prêtât à la critique.

[2] L'inertie voluptueuse de la fin du règne précédent fit éclore cette gangrène dont on se plaint; elle se fortifia à l'étranger, et notamment en Angleterre. Un grand nombre de jeunes seigneurs, entraînés sans doute, s'y ramifièrent par la franc-maçonnerie et à l'aide du gouvernement.

Quels étaient leurs moyens d'exister un seul jour ?
Ils étaient fous vraiment, sans espoir de retour :
La mollesse des cours, dans leur sein trop facile,
Rendit chez quelques-uns la noblesse stérile ;
Dieu peut leur pardonner. Forçons-les au travail ;
Au mépris de leurs vœux, prenons le gouvernail,
Pour sauver le vaisseau d'un trop certain naufrage.

Ainsi pensait Louis, tel était son ouvrage.
Déjà ces novateurs, armés de faux-semblans,
S'agitaient sous son règne, et de ses sentimens
Dénigraient la candeur, la noblesse et la gloire.
Mais qui donc les poussait ?… Quoi ! le pourra-t-on croire ?
Un peuple d'outre-mer serait notre ennemi !
Ce peuple, nous dit-on, ne fait rien à demi ;
Il veut sur les états étendre sa puissance,
Et que chacun lui doive entière obéissance.

Louis seize aussitôt, énumérant ses droits,
S'érige défenseur des peuples et des rois ;
Il défère à chacun des gages légitimes,
Se montre supérieur aux vœux pusillanimes,
S'entoure de lumière, équipe des vaisseaux,
Et prouve que les rois ne sont pas des vassaux.
Ce fut là tout son crime, et sa perte jurée,
Par d'obscurs zélateurs fut bientôt consacrée.

L'émeute aux mains de sang, préludant au martyr,
Sans jamais s'enlacer des fers du repentir,
S'éveille rugissante, et forte par elle-même,
De cet esprit changeant, en butte au diadème,
Aux immuables droits de la propriété,
Les plus fermes soutiens de la société,
De la terreur bientôt agite l'oriflamme,
Et comme un spectre affreux paralyse chaque ame.

Du sacrifice, enfin, le jour est arrivé ;
Tout frémit, tout s'ordonne, il doit être achevé.

Le moteur est caché ; mais il voit, il observe,
De l'infâme spectacle il s'est fait la réserve,
Pour en mieux diriger l'infernal dénoûment,
Son geste criminel suffit en ce moment.

Le tocsin, le tambour, des hordes effrénées,
Tout impose l'effroi ; les masses consternées
Aux pasteurs des lieux saints craignent d'avoir recours ;
L'homme intègre est tremblant, maîtrisé, sans secours,
Obligé d'obéir aux ordres des sicaires,
Et de venir armé, dans les flots populaires,
Au forfait exécrable offrir un lâche appui,
En dérobant ses pleurs, complices malgré lui.
Il songe à ses enfans, ses vieux parens, sa femme ;
Un soupir, un seul mot, dans cet horrible drame,
Pouvait de l'échafaud lui mériter l'honneur,
Et des siens, qu'il chérit, consommer le malheur.
Téméraire ou coupable ! alternative affreuse !
Mourir ou se souiller d'une tache odieuse !
Français infortunés, quelle épreuve en ce jour !
Vous généreux alors, pour vos rois pleins d'amour,
Quoi ! vous avez payé ce tribut d'épouvante,
Et, dans moins d'un instant, poussés par la tourmente,
Vous avez pu souffrir l'holocauste honteux,
Dont peut-être rougit le front de vos neveux !

Cependant, sur le haut de l'antique tourelle,
Autrefois destinée au sujet infidèle,
Une scène touchante arrache des sanglots :
L'expansive douleur y circule à longs flots.
Les farouches agens, malgré leur faux courage,
Sentent les pleurs couler sur leur sombre visage,
Et semblent étonnés, pour la première fois,
Qu'un sentiment nouveau puisse adoucir leur voix.

O mon Dieu, prête-moi ta divine influence ;
J'ai besoin des ressorts d'une mâle éloquence

Pour tracer dans mes vers cet auguste tableau.
Un roi tout magnanime, un peuple, son bourreau ;
Les héritiers du trône, une mère éplorée,
Un serviteur fidèle !... Oh ! mon ame est navrée,
Et ma plume incertaine a fléchi sous mes doigts ;
Je ne sais où j'en suis !... Mes pénibles émois
Me font, comme à l'envi, regretter l'existence...
Naître tendre, est-ce donc naître pour la souffrance ?
Les sauvages, alors, sont bien moins malheureux,
L'instinct de la nature est bienveillant pour eux ;
S'ils sont durs ou cruels, ils ne sont point coupables,
Leur cœur ne leur dit rien qui les rende exécrables ;
Leur conscience est pure à leur propre regard,
Dans le champ de la vie ils courent au hasard,
Suivent l'attrait dicté par les lois éternelles,
Et nos ames, à nous, deviennent criminelles ;
Nous, jetés malgré nous dans ce triste torrent,
Où l'on honnit le sage et chante le méchant !
La vertu fut jadis un bien héréditaire ;
Tout serait-il changé pour nous seuls sur la terre ?

Mais non, me direz-vous, de semblables forfaits
D'un calcul ténébreux sont toujours les effets :
Un peuple rarement que le plaisir anime,
S'il caresse l'orgie, est accessible au crime ;
Le tourbillon du mal l'entoure, le confond,
Rend sa chute certaine et l'abîme profond ;
Alors, redirez-vous, il n'a plus d'énergie,
Met le sceptre à l'encan de la démagogie,
Et s'aperçoit trop tard qu'un juste châtiment
Pèse de tout son poids sur son affaissement !

Cependant les porteurs de l'arrêt sanguinaire
Au cachot de Louis, victime débonnaire,
Viennent trancher le cours des nobles sentimens,
Et les pulsations des cœurs les plus aimans.

La grandeur imposante, en ce moment extrème,
Au regret des bourreaux, émanait de Dieu même;
Et devant elle, enfin, ils baissèrent les yeux,
Pour dérober les pleurs qu'ils répandaient sur eux!

Quelle céleste image!... Un père le plus tendre,
Oubliant les malheurs auxquels il doit s'attendre,
Les outrages amers de sujets révoltés,
Que tourmentent sa voix, ses bienfaits, ses bontés;
Un père à ses enfans, groupés sur sa personne,
Redit que dans le ciel il est une couronne
Dont ils doivent briguer le véritable prix :
Du bonheur d'ici-bas cessez donc d'être épris,
Ajoute-t-il soudain de sa bouche indulgente,
Le bien que vous ferez comblera votre attente.
Les soucis, les travaux, les veilles, les ennuis,
Voilà, mes chers enfans, quels seront vos amis;
Mais craignez les flatteurs, et surtout la mollesse;
Rappelez-vous mes soins, vos aïeux, leur sagesse.
Tout sceptre est un fardeau dont on doit compte un jour,
Et savoir le porter, c'est gagner le séjour
Où la Divinité m'appelle par sa grâce.
Récompensez tous ceux que ma mort met sans place,
Qu'ils retrouvent en vous un bon père, un soutien;
A mes juges aussi faites aussi du bien :
Leurs remords suffiront aux vœux de la vengeance;
C'est déjà trop punir que d'user de clémence !
Séparons-nous, adieu, pour la dernière fois!

En ce brusque moment tout demeure sans voix,
Seulement les échos des voûtes acoustiques
Laissent glisser au loin des sons mélancoliques.
Aussitôt on entend les fusils, les sabots;
Les juremens grossiers, les obscènes gros mots,
Des stipendiés obscurs décèlent la présence.
Toutefois la nature a brisé le silence;

Les sanglots arrêtés s'ouvrent un libre accès,
Leur digue s'est rompue au milieu des excès
Des épaisses vapeurs et des fureurs bachiques,
Des miasmes infects de cent pipes civiques !

Louis, sans s'émouvoir, comprenant son malheur,
Franchit d'un noble pas le seuil de la douleur ;
S'arrache à sa famille, en proie à ses alarmes,
Sortant de la stupeur pour tomber dans les larmes,
Livrée à des soldats indignes d'un tel nom,
Comme instrumens du crime et de la trahison.

Un ministre de Dieu [1], plein de son ministère,
Cédant à son devoir, s'avance comme un père,
Ouvre à Louis ses bras devenus immortels,
Impuissans toutefois auprès de nos autels
Pour donner aux chrétiens cette douce espérance
D'où naissent à la fois et courage et vaillance.

Louis, sous cette égide, écoute un saint discours,
Rappelle en son esprit l'emploi de ses beaux jours ;
Confesse des regrets qui l'absolvent sans peine
D'un pardon superflu pour l'ame surhumaine.

Mais un morne repos a glacé tous les rangs.
Les bourgeois confondus, ouvriers et marchands,
Sur deux files pressés, entourent le cortége ;
La commune voiture [2], à leurs yeux sacrilége,
S'est enfin avancée au pied de l'échafaud ;
Louis, rempli de Dieu, le cœur sûr, le front haut,
Vient toucher sans effroi la machine fatale ;
En vain il veut parler ; sa parole amicale
Est couverte aussitôt par l'affreux roulement,
D'Éole, pour jamais, inique monument,

---

[1] L'abbé Edgewort était protestant, comme on le verra ci-après.
[2] Un fiacre avait été octroyé comme par grâce.

Dont l'aspect aérien, qui couronne la place,
Semble en deux de nos sens avoir laissé la trace,
Ou redire ces mots, d'ambroisie et de miel :
« Auguste fils de saint Louis, montez au ciel[1] ! »

On ne peut s'empêcher ici de citer les paroles à jamais mémorables de cet infortuné monarque lorsqu'il eut monté les repoussans degrés de l'échafaud ; les voici, ainsi que son testament, devenu, pour les pages ensanglantées de l'histoire, le monument le plus armé des foudres de la vengeance céleste :

« Je pardonne à mes ennemis ; je désire que ma » mort fasse le salut de la France. *Je meurs innocent !* » Paroles sacramentelles qu'on n'a pas osé traduire par ces vers, de peur de profaner leur sublimité en y touchant :

« Je pardonne aux Français qui sont mes ennemis.
» Puisse à mes vœux ma mort rendre heureux leur pays,
» Et faire leur salut !... sous l'auréole sainte,
» Moi, je meurs innocent, sans remords ni sans crainte. »

TESTAMENT.

« Au nom de la très-sainte Trinité, du Père et du Fils, et du Saint-Esprit.

» Aujourd'hui, 25e jour de décembre 1792,

» Moi, Louis XVIe du nom, roi de France, étant depuis plus de quatre mois renfermé, avec ma famille,

---

[1] La phrase textuelle est :
« Fils de saint Louis, montez au ciel. »
Mais le vers réclamait l'épithète d'auguste, qui d'ailleurs est vraie.

dans la tour du Temple, à Paris, par ceux qui étaient mes sujets, et privé de toute communication quelconque, même depuis le 11 du courant, avec ma famille ; de plus, impliqué dans un procès dont il est impossible de prévoir l'issue, à cause des passions des hommes, et dont on ne trouve aucuns prétexte ni moyens dans aucune loi existante ; n'ayant que Dieu pour témoin de mes pensées, et auquel je puisse m'adresser ; je déclare ici, en sa présence, mes dernières volontés et mes sentimens : Je laisse mon ame à Dieu, mon créateur ; je le prie de la recevoir dans sa miséricorde ; de ne pas la juger d'après ses mérites, mais par ceux de notre Seigneur Jésus-Christ, qui s'est offert en sacrifice à Dieu, son Père, pour nous autres hommes, quelque indignes que nous en fussions, et moi le premier.

» Je meurs dans l'union de notre sainte mère l'E-glise catholique, apostolique et romaine, qui tient ses pouvoirs par une succession non interrompue de saint Pierre, auquel Jésus-Christ les avait confiés.

» Je crois fermement et je confesse tout ce qui est contenu dans le symbole et les commandemens de Dieu et de l'Église, les sacremens et les mystères tels que l'église catholique les enseigne et les a toujours enseignés. Je n'ai jamais prétendu me rendre juge dans les différentes manières d'expliquer les dogmes qui déchirent l'Église de Jésus-Christ ; mais je m'en suis rapporté, et rapporterai toujours, si Dieu m'accorde la vie, aux décisions que les supérieurs ecclésiastiques, unis à la sainte Église catholique, donnent et donneront conformément à la discipline de l'Église suivie depuis Jésus-Christ.

» Je plains de tout mon cœur nos frères qui peuvent être dans l'erreur ; mais je ne prétends pas les juger, et je ne les aime pas moins tous en Jésus-Christ, suivant ce que la charité chrétienne nous enseigne. Je prie Dieu de me pardonner tous mes péchés. J'ai cherché à les connaître scrupuleusement, à les détester, et à m'humilier en sa présence. Ne pouvant me servir du ministère d'un prêtre catholique, je prie Dieu de recevoir la confession que je lui en ai faite, et surtout le repentir profond que j'ai d'avoir mis mon nom (quoique cela fût contre ma volonté) à des actes qui peuvent être contraires à la discipline et à la croyance de l'Église catholique, à laquelle je suis toujours uni de cœur. Je prie Dieu de recevoir la ferme résolution où je suis, s'il m'accorde la vie, de me servir aussitôt que je le pourrai du ministère d'un prêtre catholique pour m'accuser de tous mes péchés et recevoir le sacrement de la pénitence.

» Je prie tous ceux que je pourrais avoir offensés par inadvertance, car je ne me rappelle pas d'avoir fait sciemment aucune offense à personne, ou ceux à qui j'aurais pu avoir donné de mauvais exemples ou causé des scandales, de me pardonner le mal que je peux leur avoir fait. Je prie tous ceux qui ont de la charité d'unir leurs prières aux miennes pour obtenir de Dieu le pardon de mes péchés.

» Je pardonne de tout mon cœur à ceux qui se sont faits mes ennemis sans que je leur en aie donné aucun sujet, et je prie Dieu de leur pardonner, de même qu'à ceux qui par un faux zèle, ou par un zèle mal entendu, m'ont fait beaucoup de mal.

» Je recommande à Dieu ma femme et mes enfans, ma sœur et mes tantes, mes frères, et tous ceux qui me sont attachés par le lien du sang ou par quelque autre manière que ce puisse être. Je prie Dieu particulièrement de jeter des yeux de miséricorde sur ma femme, mes enfans et ma sœur, qui souffrent depuis long-temps avec moi, de les soutenir par sa grâce s'ils viennent à me perdre, et tant qu'ils resteront dans ce monde périssable.

» Je recommande mes enfans à ma femme; je n'ai jamais douté de sa tendresse maternelle pour eux. Je lui recommande surtout d'en faire de bons chrétiens et d'honnêtes gens; de ne leur faire regarder les grandeurs de ce monde-ci (s'ils sont condamnés à les éprouver) que comme des biens dangereux et périssables, et de tourner leurs regards vers la seule gloire solide et durable de l'éternité. Je prie ma sœur de vouloir continuer sa tendresse à mes enfans, et de leur tenir lieu de mère, s'ils avaient le malheur de perdre la leur.

» Je prie ma femme de me pardonner tous les maux qu'elle souffre pour moi, et les chagrins que je pourrais lui avoir donnés dans le cours de notre union, comme elle peut être sûre que je ne garde rien contre elle, si elle croyait avoir quelque chose à se reprocher.

» Je recommande bien vivement à mes enfans, après ce qu'ils doivent à Dieu, qui doit marcher avant tout, de rester toujours unis entre eux, soumis et obéissans à leur mère , et reconnaissans de tous les soins et peines qu'elle se donne pour eux, et , en mémoire de moi , je les prie de regarder ma sœur comme une seconde mère.

» Je recommande à mon fils , s'il avait le malheur de devenir roi , de songer qu'il se doit tout entier au bonheur de ses sujets [1] ; qu'il doit oublier toute haine et tout ressentiment, et nommément ce qui a rapport aux malheurs et aux chagrins que j'éprouve; qu'il ne peut faire le bonheur de son peuple qu'en régnant suivant les lois ; mais en même temps qu'un roi ne peut les faire respecter, et faire le bien qui est dans son cœur, qu'autant qu'avec l'autorité nécessaire il les respecte lui-même; qu'autrement, étant lié dans ses opérations, et n'inspirant point de respect, il est plus nuisible qu'utile.

» Je recommande à mon fils d'avoir soin de toutes les personnes qui m'étaient attachées , autant que les circonstances où il se trouvera lui en donneront les facultés ; de songer que c'est une dette sacrée que j'ai contractée envers les enfans ou les parens de ceux qui ont péri pour moi, et ensuite de ceux qui sont malheureux pour moi.

» Je sais qu'il y a plusieurs personnes de celles qui

---

[1] Il y avait *concitoyens* dans l'exemplaire fautif d'ailleurs dont on s'est servi ; on a cru devoir rétablir le mot *sujets,* le seul propre dans la pensée. Cet exemplaire a été gravé chez Basset, alors rue Saint-Jacques, 64, et déposé à la Direction de la librairie. Il porte en tête un frontispice représentant Marie-Antoinette, Louis XVII et Louis XVI, né le 23 août 1754, et au bas un cul-de-lampe de la tour et forteresse du temple.

m'étaient attachées qui ne se sont pas conduites envers moi comme elles le devaient, et qui ont même montré de l'ingratitude ; mais je leur pardonne (souvent dans les momens de trouble et d'effervescence on n'est pas le maître de soi), et je prie mon fils, s'il en trouve l'occasion, de ne songer qu'à leur malheur.

» Je voudrais pouvoir témoigner ici ma reconnaissance à ceux qui m'ont montré un attachement véritable et désintéressé. D'un côté, si j'ai été sensiblement touché de l'ingratitude et de la déloyauté de gens à qui je n'avais jamais témoigné que des bontés, à eux ou à leurs parens ou amis; de l'autre, j'ai de la consolation à voir l'attachement et l'intérêt gratuits que beaucoup de personnes m'ont montrés ; je les prie d'en recevoir tous mes remerciemens; dans la situation où sont encore les choses, je craindrais de les compromettre si je parlais plus explicitement; mais je recommande spécialement à mon fils de chercher les occasions de les reconnaître. Je croirais calomnier cependant les sentimens de la nation, si je ne recommandais ouvertement à mon fils MM. de Chamilly et Hue, que leur véritable attachement pour ma personne avait portés à s'enfermer avec moi dans ce triste séjour, et qui ont pensé en être les malheureuses victimes. Je lui recommande aussi Cléry [1], des soins duquel j'ai eu tout lieu de me louer, depuis qu'il est resté près de moi jusqu'à la fin. Je prie messieurs de la commune de lui

---

[1] La sépulture de la famille Cléry a été, en 1839, élevée au cimetière de l'Est, non loin de l'abbé Delille, sous le surnom de Ville-d'Avray ; le monument est simple, mais il dit beaucoup à l'ame.

remettre mes hardes, mes livres, ma montre, ma bourse, et les autres effets qui ont été déposés au conseil de la commune.

» Je pardonne encore très-volontiers à ceux qui me gardaient les mauvais traitemens et les gênes dont ils ont cru devoir user envers moi. J'ai trouvé quelques ames sensibles et compatissantes ; que celles-là jouissent dans le cœur de la tranquillité que doit donner leur façon de penser !

» Je prie MM. Malesherbes, Tronchet et Desèze, de recevoir ici tous mes remercîmens et l'expression de ma sensibilité pour tous les soins et les peines qu'ils se sont donnés pour moi.

» Je finis en déclarant devant Dieu, et prêt à paraître devant lui, que je ne me reproche aucun des crimes qui sont énoncés contre moi.

» Fait double à la tour du Temple, le 25 décembre 1792,

» *Signé*, LOUIS. »

Est écrit Baudrais, officier municipal.

RÉFLEXIONS.

Ce monument littéraire, si rempli d'émotions sublimes, pourrait à juste titre s'appeler le Code des rois. Il est en effet empreint de tout ce qu'il y a de substantiel dans Fléchier, Fénélon, Bossuet, Bourdaloue, Massillon, l'abbé Boulogne et autres grands génies que les lumières de la religion chrétienne avaient embrasés de leur clarté toute céleste, comme pour éclairer les rois sur leurs véritables devoirs au milieu de l'enivrement même des grandeurs ou du tourbillon des plaisirs.

Toutefois, cette qualification serait encore incomplète, car il n'est pas un bon père, quelle que soit son adversité dans ce monde changeant, qui ne puisse y trouver les hauts enseignemens de la patience, sans laquelle la douleur multiplie ses forces sur la terre et cause le désespoir, d'où naît le suicide, le plus affreux de tous les crimes, puisqu'il est, dans le fond, un attentat à la Divinité.

D'après ces considérations, ce testament serait donc susceptible du titre plus étendu de Code des rois et des peuples.

Du reste, on attribue la retraite prématurée, et même la mort de plusieurs membres de la Convention, à la lecture de cette pièce monumentale. On doit le présumer lorsqu'on la lit soi-même avec l'attention et le recueillement qu'elle mérite. Il y avait d'ailleurs parmi ces membres des hommes dont les yeux se sont dessillés plus tard ; mais ils ne pouvaient pas reculer sans courir les plus grands dangers. Leurs enfans, plus libres, ont eu pour la plupart le bon esprit de ne se jamais mettre en évidence, malgré l'extinction du préjugé à cet égard parmi nous. Néanmoins on doit leur en savoir gré, car c'est une espèce d'hommage tacite rendu à la mémoire du roi martyr. Cette couronne vaut mieux que celle des apologistes de Cromvell, dans un sens diamétralement contraire.

PRÉFACE.

J'avais envoyé les vers de ce recueil à un journaliste dont je partage et partagerai toujours sans nul doute les opinions loyales et franches comme les sentimens élevés; mais ce littérateur m'a fait connaître par écrit qu'il insérait peu ou point de vers. Peut-être a-t-il pleinement raison d'en agir ainsi , comme le font d'ailleurs beaucoup de ses confrères. Les vers pleuvent de toutes parts, avec une logique souvent diffuse ou vague. Le métier de versificateur élégant, pur et correct, n'exige pas l'âge et la barbe d'Anacréon; mais, pour être à la fois bon rimeur, poéte et philosophe chrétien [1], il faut pouvoir justifier l'épigraphe de Gilbert : *nascitur poeta*, et marcher sur les pas des grands hommes qui ont illustré notre nation.

D'un autre côté , les femmes ont quitté leurs grâces naturelles et leurs travaux aimables et délicats, et se sont jetées au travers de la lice. Certes par les dons de la nature inhérens à leur esprit, elles avaient bien des droits à revendiquer l'héritage du favori de Polycrate. Toutefois , quels qu'aient été leurs succès pour s'élever au Parnasse, beaucoup ont perdu , soit dans la haute poésie ou la peinture même, leurs avantages primitifs de capter par la puissance de leurs charmes. Enfin, depuis Molière , si les femmes savantes ont diminué,

---

[1] On a mis philosophe chrétien, pour établir la distinction positive entre cette philosophie, la seule bonne, et celle qui, avec la poésie moderne, s'est faite sensualiste et athée, en vue d'obtenir la gloire funeste dévolue au prosélytisme des Erotrastes littéraires.

en revanche, les lettres se sont vues dotées d'un sur-
croît considérable d'amazones littéraires.

On ne s'en plaindrait néanmoins pas, si, par l'effet
d'un magnétisme nouveau, il n'en était pas résulté
l'invasion d'une foule de jeunes écrivains d'ailleurs fort
estimables, mais chez lesquels la manie de la renom-
mée précoce et bruyante a troublé la cervelle au point
de lui sacrifier leur expectative, leur état dans le
monde et le repos de leurs parens.

Absolvons néanmoins ces derniers; ils sont entraînés par deux forces qui convergent au même point: la
première, le désir tout naturel de plaire à des femmes
bien séduisantes par leur esprit, leur talent et les at-
traits qu'eurent jadis les Sapho, les Sévigné, les Ni-
non, les Deshoulières; la seconde, consistant, dans nos
temps modernes, à suivre les pas de maître Adam, et
quelques autres semblables, pour conquérir *ex abrupto*
une célébrité tardive, toujours dévolue au vrai mérite
dans les lettres, les sciences et les beaux-arts.

Mais comme le charlatanisme prédomine en toute
chose, le Parnasse français ne pouvait être exempt de
son tribut à cette hydre nouvelle aux bouches béantes,
ni de l'invasion des cosmopolites ès-lettres, belles ou
autres. Le ministère de la littérature, jadis revêtu de
la grandeur religieuse et sacrée, importé dans les
classes inférieures, semble, il est vrai, devoir frapper
davantage. Il apparaît en effet comme un reptile lumi-
neux au milieu d'une sombre nuit entre deux sommeils
suspendus.

Alors surgit autour de vous le groupe des souteneurs

initiés qui vous crient à tue-tête, pour mieux vous ré-
veiller, si vous vous frottez les yeux : « Savez-vous
» bien que c'est le génie tout nu qui se lève à vos
» regards étonnés ? le génie dégagé des entours presti-
» gieux puisés sans peine dans les prérogatives de la
» fortune et des longues et faciles études qui en res-
» sortent, pour subjuguer les peuples et leur imposer
» les fers de l'esclavage le plus abject ! »

La conséquence vient ensuite ; c'est que la fortune
et les études des classes riches sont inutiles et liber-
ticides.

A la faveur de cette conséquence, on dut, comme
on le pense bien, marcher au pas de course dans les
jours sataniques révolutionnaires ; tous ceux qui, comme
l'immortel de Lavoisier, étaient trop pourvus à leur
entrée au monde de fortune, de droits natifs ou d'é-
tudes, durent bientôt être immolés à la déesse de la
liberté. On se gardait bien, dans ces jours nébuleux,
de parler de leur génie. Ils étaient, à cet égard aussi,
de même que les autres, c'est-à-dire composés de chair
et d'os ; mais on les classait, pour plus prompte expé-
dition, parmi les talons rouges livrés à l'animadversion
chiffonnière par les aboyeurs des saturnales et les tricoteuses, leurs conseillères d'état.

Pourtant tout leur crime consistait à procurer un
relief éclatant et vraiment glorieux à la naissance, à la
fortune et aux études approfondies. Ils ne se servaient
jamais de cette puissance, la première de toutes, que
d'une manière généreuse, entourée de l'urbanité française et des formes les plus chevaleresques que le bla-

son de leur famille leur imposait, s'ils avaient pu s'écarter de la foi des sermens. Que demandaient-ils, ou qu'auraient-ils pu réclamer en retour ? N'étaient-ils pas assez récompensés par le vrai bonheur qu'ils trouvaient à contribuer au bien-être général, seul et unique but de leurs actions et de leurs pensées ?

J'ai donc dû, à la suite de la réponse dont j'ai parlé, prendre le parti de faire imprimer mes ouvrages à mes frais, comme j'ai fait à l'égard de quelques-uns que j'ai publiés, et d'autres que je publierai encore, non par le désir de briller dans le cercle des auteurs en vogue, mais seulement pour répandre mes idées sur la comparaison entre les institutions, mœurs et habitudes anciennes, et les nouvelles, et chercher dans ce parallèle continu ce qui est et sera toujours bon, utile, indispensable à la cause commune, au bien-être du plus grand nombre, dans les limites de l'humanité et de la charité chrétienne.

L'état social est, depuis un demi-siècle, en conflagration perpétuelle, et, pour ainsi dire, renversé de fond en comble ; il en résulte que ceux appelés à commander par leurs lumières, leurs connaissances acquises ou intuitives, et enfin par leur position indépendante en ce monde, se trouvent obligés d'obéir. Cette situation forcée est de tous points insoutenable, et ne peut se prolonger, à moins d'en venir un jour à raser les villes pour retourner à l'existence nomade des peuplades sauvages, d'où toutefois renaîtrait, après bien des malheurs et pertes irréparables, un autre ordre social, quel qu'il fût ; car la vie purement instinctive est impossible à l'homme. En effet, de quoi lui serviraient autrement ses prérogatives sur tous les autres êtres, et sa puissance morale si féconde en bienfaits pour son propre bonheur et celui de ses semblables, abstraction de l'abus qu'il lui est permis d'en faire en dehors de la destinée inhérente à sa nature sur la terre, mais dont il n'use jamais que contre lui-même en définitive ?

Les bons ouvriers de toute profession sont toujours estimables lorsqu'ils se vouent de cœur à leurs travaux, et savent demeurer dans leur sphère; mais la folle idée de les faire participer aux actes gouvernementaux a pour seul et unique but, comme on l'a vu plusieurs fois en peu de temps, d'user de leurs facultés âpres et d'abord puissantes pour détruire ce qui, dans le fond, est vraiment pour eux la poule aux œufs d'or. C'est en les trompant que l'on parvient à capter leur concours et à s'en faire un auxiliaire redoutable dont l'issue est la destruction certaine de leurs ressources et de leurs moyens de vitalité.

Croit-on qu'ils ne soient pas assez pénétrans pour reconnaître que leur ignorance en trop de choses, et leurs manières, fort excusables d'ailleurs, ne sauraient se soutenir long-temps à la tête d'un grand état? c'est une erreur grossière et même insolente à leur égard. Il existe des hommes parmi eux qui ont peut-être devancé Isaac Newton sur son fameux binôme et sur le reste. En effet, il n'y a pas un menuisier ou un ébéniste qui n'ait, sans aller plus loin, reconnu et trouvé l'origine des puissances mathématiques et l'extraction de leurs racines, en formant un carré avec une ligne fractionnaire quelconque croisée, rectangulairement au point où finit l'unité et commence la fraction.

La force attractive et la décomposition de la lumière se sont de même présentées à son esprit dans ses œuvres journalières ou dans un tesson de verre. Seulement ce grand génie s'est absorbé tout entier dans l'examen et les rapports des choses, et y a posé les limites du calcul, et, comme Lavoisier, en a réglé l'emploi et tracé l'histoire ; voilà tout ce qu'il a découvert de plus. Tous les peuples de la terre ont offert des exceptions semblables au milieu des masses appliquées à chercher leur vie et celle de leurs familles.

Ce serait donc vouloir leur malheur et celui du monde civilisé que de prétendre placer à sa surface ceux qui sont appelés à occuper d'une manière honorable et laborieuse les environs du centre où la fortune qui leur convient leur tend les bras avec franchise et loyauté.

En vain on leur crie aussi : Vous êtes de chair et d'os comme les gens de naissance illustre élevés dans le loisir somptueux des richesses ; ils sentent bien, sans explorer leur for intérieure ou leur bonne foi naturelle, combien leurs discours, leurs penchans, leur tenue même, sont loin, quelque vernis qu'on leur prête, de répondre au nouveau rang auquel on voudrait les élever. Les plus sages se retirent, et les autres sont tôt ou tard livrés à la risée publique, juge en dernier ressort parmi nous du moment où, trop faibles, ils cèdent aux insinuations perfides. S'il y a des exceptions de

loin en loin, le génie en décide et les justifie ; mais, à
franchement parler, elles semblent trop rares pour mériter la peine d'être comptées.

Nous appesantirons-nous un instant sur les gens de
loisir ? car, pour être juste, il faut voir les choses et les
hommes sous toutes leurs faces. D'abord nous décou-
vrons dans la tourbe ameutée contre ces dernier des
bavards et des écrivailleurs de révolution, de tribune
et d'estaminets. Eh ! qu'ont-ils pour cette faveur de
suspicion de bas étage ? ils ont presque tous les manières
et l'extrême bon ton de l'ancienne société française,
qui remonte, en parcourant treize siècles à peu près,
au règne des Carlovingiens.

Ils ont, avec toutes chances de succès, la culture
des belles-lettres, des sciences, des beaux-arts, de
l'agriculture, de l'industrie et du commerce sur tout le
globe, et cela, sans rien revendiquer de personnel ni
sans briguer de places, d'avantages ni d'autres titres
que ceux d'ajouter quelques nouveaux fleurons à leur
couronne héréditaire.

Enfin ils ont et auront toujours pour eux un prestige
d'honneur auquel on ne portera jamais une main profane sans avilir l'ame de la société en France, où la
chevalerie des temps passés avait su féconder les sources
de son riche minerai.

Certes les rênes de l'état seront toujours mieux tenues
aussi par de telles gens que par les ouvriers les plus
recommandables ; il en résultera bien positivement
moins de disgrâces, quels que soient les malheurs et
les événemens des temps. S'il leur arrivait de vouloir

des modifications, jamais ils ne s'aviseraient de rêver
aucun renversement susceptible d'amener le meurtre
parmi les classes riches pour procéder à la spoliation
de leurs biens, autrement ils seraient inconséquens et
fous. On les accuse d'être inutiles ; c'est une calomnie
insidieuse et démagogique. La majeure partie a toujours employé ses lumières et ses travaux au service de
la patrie, pourvu qu'il ne s'ensuivît pas une dérogation
à leur rang par rapport à leur origine. Dans presque
toutes les circonstances difficiles, ils ont toujours, à
fort peu d'exceptions près, fait preuve de générosité,
de véritable désintéressement, et montré qu'ils ne s'a-
baissaient jamais jusqu'à rougir d'être un jour impli-
qués dans les menées d'antichambres ou autres semblables. Ils ont quelquefois conspiré, mais toujours
dans les régions élevées. La plupart sont montés
sur l'échafaud, et ne se sont point avilis pour cela.
Leur sang a lavé leur faute sans se souiller en aucune manière. Pourrait-on en dire autant des conjurés populaires sans préconiser l'assassinat, ou l'éri-
ger en principe comme on l'a fait pour arriver à la
révolution ?

Mais je m'arrête ; tout le monde en France est assez
instruit sur ce sujet par trop d'années de funestes et
ruineuses épreuves, et je reviens à mon point de dé-
part en soumettant ici les vers suivans, toutefois écrits
sous la même inspiration à la fin de 1836, c'est-à-dire
écrits en dehors des liens contractés dans un esprit sec-
taire quelconque, ayant toujours, même contre mes
intérêts, et à mon détriment, repoussé les offres d'affi-

liations qui m'ont été faites par de hauts et puissans personnages, dont le patronage seul suffisait pour motiver ma répugnance et me faire chérir mon goût naturel de ne rien devoir à personne.

ÉPITRE

D'UN PARISIEN A DON CARLOS,

AVEC CETTE ÉPIGRAPHE :

> « Bella, horrida, bella,
> » Et Tybrim multo spumentem sanguine cerno.»
> (*Énéide.*)

Tandis que dans Paris, des écrivains à gages ,
Prince, contre tes droits, s'énervent en outrages ;
Toi, l'héritier du trône, et roi des plus vaillans ,
Ton courage t'égale aux plus preux Castillans.
Sous l'étendard sacré de l'antique morale ,
Tu jalonnes de faits ta marche triomphale.

Les douleurs et la mort, les horreurs des combats
Semblent par ta présence aguerrir tes soldats ;
Donner aux plus nouveaux la belliqueuse audace
Qui près de notre Henri faisait briguer la place ;
Qui, reîtres près de toi, se jouant des dangers,
Quand il s'agit de vaincre, accourent plus légers !

Ah ! que n'ai-je vingt ans, pour suivre ton panache !
Du meurtre de Louis je vengerais la tache ;
Je brandirais le fer contre ces assassins
Qui dans l'ombre infernale, utile à leurs desseins ,
De vipères tissant leur trame corruptrice ,
Brillantent leurs forfaits de l'ère novatrice ;

Vantent leurs ans passés sous un jour radieux,
Comme brille au temps clair le tendre azur des cieux ;
Chantent la liberté, la fière indépendance ,
Et dans un joug horrible enlacent l'innocence ;
Lui dictent des sermens, le poignard sous les yeux ,
Et non loin de l'autel où siégent leurs faux dieux.

Prince, quels souvenirs ! quels sinistres nuages
Ont troublé mon esprit à l'aspect de ces pages ,
Où l'histoire confond les cœurs nés généreux !
Affreuse ingratitude, ô récit trop hideux !
Le fer et le poison, les ordres sanguinaires ,
Contre les plus grands rois ont armé des sicaires
Parmi les gens titrés du nom de leurs sujets ;
Est-ce donc là le prix des heureux qu'on a faits ?

De Dieu, me diras-tu, telle est la loi suprême :
Tout roi doit être aimant sans espérer qu'on l'aime ;
Un retour plus auguste est dans cet avenir,
Que les cœurs vertueux peuvent seuls obtenir !

Mais au bruit affligeant des foudres de la guerre,
On tremble pour tes jours comme on craint pour un père ;
On t'aime, on te chérit, on hait les conjurés,
Quels cœurs, sans tes succès, se verraient rassurés !

Ta cause légitime est du monde la cause,
Et sur sa base enfin l'héritage repose.

Nous sommes loin des temps où les premiers Romains,
Les Cimbres et les Goths, les Huns et les Germains,
Imitaient dans le sang Sparte et Lacédémone
En mêlant leurs butins aux lauriers de Bellone.
L'olivier de la paix par Numa fut planté,
Et son rameau scella notre société.

Des peuples ravisseurs la hideuse furie
A mis le fer aux mains des enfans d'Ibérie;
Toi, prince né sensible, oubliant ton repos,
Tu réponds à nos vœux par tes hardis travaux,
Par ton vaste génie et ton mâle courage.
Veuille Dieu couronner ton immortel ouvrage,
Nous rendre le bonheur que goûtaient nos aïeux
Dans l'ordre successif des rois religieux!

Puissent les zélateurs, les fourbes, les impies
Rentrer dans le repaire où siégaient ces harpies[1]

---

[1] Ces femmes, la plupart anciennes servantes des maisons nobles, semblables à des mégères, avaient reçu le nom de tricoteuses. Elles venaient en effet tricoter ou ravauder des bas durant la journée des séances révolutionnaires, et recevaient cinquante sols en assignats pour leur mandat, consistant à donner leur voix délibérative dans le cas de jugement à mort, ce qui arrivait sans désemparer. Sur la fin de 93, on leur a administré l'antique correction paternelle, toutefois avec les formes de l'époque, et c'est ainsi que s'est achevée leur ignoble et horrible mission. Quelques-unes existent encore, et ces dernières, bien connues, se sont remontrées un peu avant les journées de juillet 1830; mais la leçon qu'elles avaient reçue, l'âge et peut-être la réflexion, semblent avoir borné leurs nouvelles tentatives à des trinquades chiffonnières.

Qu'en France, aux jacobins, on vit avec horreur
Colporter les mandats de l'affreuse terreur ;
Qui, suppôts des Fouquet, Marat et Robespierre ,
Du sang des échafauds coloraient leur bannière !

L'infant[1], non loin de toi, guidé par ta valeur,
A tracé sur tes pas les sillons de l'honneur.
Objet de ton amour, à tes sujets fidèles
Ses mains vont délivrer les palmes immortelles,
Le prix de la bravoure à tes droits reconquis ;
Que de titres déjà lui-même il s'est acquis !

L'auréole céleste a brillé sur sa tête ,
Son cœur s'est embrasé ; mais l'esprit de conquête
Au jeune âge s'exalte et doit se ralentir :
Vaincre pour des lauriers implique un repentir ,
Et tu voulus sans doute, en roi prudent et sage ,
Diriger cette ardeur vers un plus pur usage ,
Qui t'assurant ton trône, en faisant des heureux ,
Fondît dans ton amour les plus rebelles vœux.

Fleuves d'émotions !........ flammes évangéliques,
Croix de notre Sauveur, sainte Vierge, reliques
Soutenez son courage au milieu des mourans ,
Des angoisses, des cris des héros expirans ,
Des couvens dévastés[2] et des villes en cendre,
Des vieillards dans la tombe appelés à descendre,

---

[1] Quand on a écrit cette épître, l'infant don Sébastien venait de se
signaler auprès de don Carlos. Depuis, on a moins parlé de ce prince
dans les feuilles publiques. Le motif de ce retrait est inconnu.

[2] On ne parle pas de la spoliation des couvens ; car personne n'a
le courage, parmi les hordes vandales, de s'en nommer possesseur.
Pareille chose est arrivée à l'égard des biens nationaux en France.

Torturés sous les coups d'un ennemi cruel,
Oubliant que le jour est un jour éternel !

Mais, comble d'épouvante ! une femme éplorée [1]
Au feu de vils soldats en coupable est livrée !
C'est une tendre mère arrachée à son fils,
Dont le crime est l'honneur de défendre les lis [2] !

Plus loin c'est un prélat, un ministre, un martyre,
Impassible, entouré d'une tourbe en délire,
Au nom du Rédempteur, fidèle à ses sermens,
Succombant pour le ciel en dépit des tourmens !

Effroyable tableau pour une ame innocente !
Quoi ! la voix des soupirs cesse d'être puissante !
Quoi ! les humains doués des moyens de bonheur
Unissent en faisceau les traits de la fureur,
Dont le tigre peut seul abuser loin du crime !

Ah ! malheur au pays qui la rend légitime,
Qui, mû par le délire et la férocité,
Renverse ses autels, souille leur sainteté,
Profane les tombeaux de ses nobles ancêtres,
Et foule au pied les rois pour proclamer des traîtres !

Plus la tâche est pénible, et plus pour tes guerriers,
Prince, resplendiront leur gloire et tes lauriers !

---

[1] La mère du général Cabrera, fusillée par soi-disant représailles.
[2] La rime est bien insuffisante ; mais la pensée imposait ce sacrifice.

Une puissance obscure [1] en vain trouble la terre,
Attise dans les cœurs une ardeur sanguinaire,
Et pense follement tout ranger sous ses lois ;
Il t'était réservé d'en affranchir les rois ,
Et d'offrir aux états cette vive lumière
Qui perce d'un seul jet sa politique altière ;
Son système infernal de jouer tour à tour ,
Les peuples assez fous pour croire à son amour !

Que Dieu t'accorde donc sa grâce surhumaine !
Qu'il dissipe pour toi les périls et la peine,
Confonde les désirs de l'esprit destructeur,
Et te rende à la paix, si propice au bonheur !

Cinquante ans de révolte ont appauvri la France ,
Rompu ses nœuds sacrés , fatigué sa constance.
Fasse que ton exemple, aux yeux des souverains,
Imprime aussi le sceau de ses ordres divins !

Alors on verra, prince, au sein de nos campagnes
Renaître les vertus autrefois leurs compagnes ;
Les sciences, les arts recouvrer leurs élans,
Et les peuples enfin revenir au bon temps !

---

[1] Les Français d'aujourd'hui, dont je pourrais déclarer ne plus faire partie, qu'avec ceux d'autrefois, depuis la révolution de juillet 1830, se font les serviles imitateurs à prix d'argent de cette puissance occulte, mais connue dans ce qui existe de plus faux ·pour brûler nos vaisseaux et perdre nos colonies.

STANCES[1]

A ZUMALACARREGUY.

La mort l'a donc frappé celui dont les hauts faits
    Captivant pour lui la victoire ,
A son roi, son pays préparait des succès
    Sous les auspices de la gloire !

Eh quoi ! quand le génie et la fidélité
    Façonnaient un nouveau modèle,
Les foudres du trépas l'auraient précipité
    Au fond d'une tombe immortelle !

Tristes jeux des combats !... des plus précieux jours
    Une main vile et meurtrière,
Par le démon poussée, a terminé le cours,
    Et la plus illustre carrière !

Déesse des tombeaux, viens répandre des pleurs ,
    De tes cyprès verse l'ombrage
Sur la plage lointaine où nous ornons de fleurs
    La sépulture du courage !

---

[1] Ces stances ont été insérées, en décembre 1835, dans le journal *la France*, avec un article spécial.

Émule des héros, des plus pieux guerriers,
　　N'auras-tu passé sur la terre
Que pour charmer nos yeux par tes brillans lauriers
　　Et par ton noble caractère ?

Non, le sol hispanique a tremblé sous tes pas ,
　　Car l'écho de ta voix résonne ;
Les cœurs sont irrités au bruit de ton trépas ,
　　Et l'heure des vengeances sonne !

Frémissez, gouvernans sans nom, sans majesté ;
　　La mort, la rage, l'incendie
Ont semé la terreur, et bientôt l'équité
　　Punira toute perfidie.

Le ciel est fatigué de vols et d'attentats ,
　　Cruels fruits de la politique ;
Il veut rendre à la paix les peuples, les états
　　Jaloux de leur grandeur antique.

Déesse des tombeaux, viens répandre des pleurs ,
　　De tes cyprès verse l'ombrage
Sur la plage lointaine où nous ornons de fleurs
　　La sépulture du courage !

LE 13 FÉVRIER 1820.

Ombre de mon amie, en ce moment de deuil,
   Ne conçois pas d'envieuses alarmes
Si je viens déposer sur un autre cercueil
   Une couronne humide de mes larmes.

Toi-même, il t'en souvient, unie à mes regrets,
   Tu vins aussi, sur cette triste pierre,
Partager les soupirs de tous les cœurs Français,
   Et prononcer une sainte prière

Ce parc silencieux [1], où l'humble villageois
   Est à genoux, l'œil baissé, les mains jointes,
Nous fit trop ressentir à tous deux, autrefois,
   De la douleur les déchirantes pointes !

Souvenirs de Rosny, durables monumens,
   Vous êtes tout pour l'ame palpitante,
Depuis que sous la faux d'avides courtisans
   On vit tomber la voûte repentante [2] !

---

[1] Toute la propriété est vendue; la forêt va l'être également.
[2] Le monument expiatoire.

Le temps pourra voiler vos lugubres couleurs,
   Un nouveau jour dans leur sein prit naissance;
L'espoir nous reste encore, au milieu des douleurs,
   De voir par lui finir notre souffrance.

Puisse sur nos malheurs son éclat reflété
   Servir à tous d'exemples mémorables!
Des princes et des rois armer l'autorité
   Contre les grands, mais seuls et vrais coupables!

Mânes d'un prince auguste, ami né des beaux-arts,
   Permettez-nous, dans cet anniversaire,
De venir à Rosny repaître nos regards
   Du sombre objet de votre sanctuaire!

Le plus beau mausolée est dans le fond des cœurs,
   Quand les héros, expirant magnanimes,
Pères de leurs sujets et d'eux-mêmes vainqueurs,
   Demandent grâce ou pardonnent aux crimes.

C'est alors que du ciel le dôme étincelant
   Reçoit leur gloire ou leur apothéose,
Et que dans l'avenir apparaît plus brillant
   Le lieu sans faste où leur grandeur repose!

D'Enghien, dans un fossé[1], sous l'ombre d'un cyprès,
   Sut comme toi, prince, toucher nos ames.

---

[1] Des travaux de fortification de Vincennes ont nécessité l'exhumation du fils du prince de Condé, mort tragiquement.

Sa mémoire à toujours parlera de regrets,
En signalant ses assassins infâmes.

Reçois donc notre hommage au milieu des lauriers,
Dont près de lui se couronne ta tête;
Nous, pleins de ton amour[1], en nobles chevaliers,
Nous tâcherons d'affronter la tempête.

STANCES

SUR LA MORT DE CHARLES X.

L'airain funèbre a fait frémir les airs;
Enfans de l'Ionie,
Filles de l'harmonie,
Ne songez plus à vos tendres concerts,

Par la douleur remplacez votre ivresse.
La France dans ce jour
Attend de votre amour
Ce sacrifice à la tristesse.

---

[1] Le duc de Berry, comme tous les membres de sa famille, a toujours eu pour premier mobile la gloire de la France et le véritable bonheur des Français de toutes les classes.

Quand nous pleurons les sages, les héros ,
    Le meilleur des monarques
    Réclame aussi des marques
De vos regrets. Et le luth des tombeaux

A nos accens prête son amertume ;
    La sensibilité
    Trouve sa volupté
Dans le chagrin qui la consume.

Entendez-vous les chants mélodieux
    Des voûtes éthérées ?
    Déjà les voix sacrées
Semblent redire : Il a joint ses aïeux.

Le ciel s'entr'ouvre, Henri, brillant de gloire ,
    Vient presser Charles Dix ;
    Ses yeux sont réjouis
Comme ils l'étaient dans la victoire !

Qu'ils sont heureux dans ces lieux immortels !
    Tandis qu'ils le possèdent ,
    Les soucis nous obsèdent.
Tout nous invite à des pleurs éternels ;

Et néanmoins la plus douce espérance
    Vient consoler nos cœurs ;
    Car ses vertus, ses mœurs [1]
    Ont à l'envi doté la France.

---

[1] Les vertus et les mœurs se sont conservées dans les provinces, comme jadis le feu des Vestales.

Cet héritage, à ses enfans donné,
    Des rois est le Pactole,
    Et des fureurs d'Éole
Il ne craint pas le souffle mutiné.

Du droit transmis soutenant la puissance,
    Il protége les arts,
    Est l'appui des remparts,
Et des états est la magnificence !

Le jour approche, et déjà ses rayons,
    Devançant son aurore,
    Promettent plus encore
Pour effacer celui que nous voyons.

De nos douleurs il tarira les sources,
    Et des siècles lointains
    Fixera les destins,
Et pour nos fils, d'immuables ressources !

STANCES

SUR LA MORT DE CHARLES X.

Sur les pas de cent rois, protecteurs du génie,
Charles Dix a laissé des faisceaux de lauriers.
Les lettres, les beaux-arts, la touchante harmonie
Ont tressé sa couronne auprès de nos guerriers.

Tous viennent sur sa tombe exprimer leur tristesse,
Ils viennent assistés des nations en deuil
Rappeler le beau règne où la grandeur se presse,
Lui rendre un pur hommage et baiser son cercueil !

Hélas ! ces nations, pourra-t-on le redire,
Long-temps contre la France éprouvant des revers,
A l'aigle des Césars durent enfin souscrire,
Et mêler leurs drapeaux sous le poids de nos fers.
Mais tout s'est renversé quand de sa voix impure,
L'esprit démagogique, irritant tous les vœux,
A prêché parmi nous le meurtre et le parjure,
Pour livrer l'avenir à des jours orageux !

Impitoyable monstre aux bouches venimeuses,
Hydre lâche et terrible, instrument de l'enfer ;
Il a versé son fiel, ses vengeances hideuses,
Et corrompu soudain jusqu'au souffle de l'air[1].
Des liens les plus doux il a rompu les chaînes,
Il a trompé le faible et souillé nos autels ;
Il a voué les rois aux plus coupables haines,
Pour conduire au tombeau l'un des plus immortels !

Charles Dix a fini sur la rive étrangère ;
Mais ses sujets ingrats ressentent des remords.
Sa splendeur à leurs yeux est un spectre sévère,
Dont l'aspect les confond sur leurs douteux trésors.

---

[1] Des médecins ont attribué les principes du choléra aux commotions politiques. Une chose certaine, c'est que cette maladie, encore inconnue, a fait son apparition parmi nous à la suite des journées de juillet 1830.

Que voulaient-ils de lui sous son règne prospère?
Ils en avaient reçu des rangs et des honneurs,
Les pauvres des bienfaits, un ange tutélaire,
Et la France une trève à ses trop longs malheurs!

Sa main partout prodigue attestait sa clémence,
En tissant le réseau des siècles à venir.
Un trophée héroïque, au sein de l'abondance,
Élevait radieux un pompeux souvenir.
Qui pourrait désormais en ombrager les traces?
Est-ce le faux éclat de votre or entassé?
Le cumul sans pouvoir de vos coûteuses places?
Non, non, riches du jour, vous l'avez rehaussé!

Le fils de saint Louis est mort loin de la France;
Mais les maux ici-bas sont le brevet des cieux.
Le fils de saint Louis partagea la souffrance
Du Rédempteur du monde et des rois ses aïeux.
Comme eux en pardonnant il monta plein de gloire
Pour entourer de Dieu le trône éblouissant;
Le fils de saint Louis, chéri par la victoire,
A légué dans l'exil son sceptre tout-puissant!

Puisse-t-il du séjour des caveaux germaniques
Accueillir nos accens et juger nos regrets!
Un jour, sans doute un jour, près des voûtes gothiques,
Nous pourrons de nos pleurs arroser ses cyprès;
Alors on inscrira sur sa dépouille auguste :
« Le fils de saint Louis fut un illustre roi;
» Il fit florir les arts, fut bon, sincère, juste,
» Et l'exil fut le prix de son cœur et sa foi! »

ÉPITRE DÉDICATOIRE

A M. LE BARON DE R***,

Fondateur d'une colonie agricole en Provence pour le défrichement d'un grand nombre d'hectares de terres. Cette épître, qui fait partie d'un ouvrage inédit sur les engrais, les fosses mobiles perfectionnées et l'agriculture, servira à rappeler quel usage les anciennes familles faisaient ordinairement de leurs études, leur fortune et leurs capacités.

> « O fortunatos nimium, sua si bona norint
> » Agricolas ! »
>
> *(Géorgiques.)*

Philanthrope baron, toi, dont le dévoûment
Egale la noblesse ainsi que le talent,
Et dont l'ame soutient la plume et le courage,
Un instant permets-moi d'invoquer ton suffrage,
Et d'oser te prier, rien que pour le projet,
D'agréer cet ouvrage en dépit du sujet.

Avec certain dandy, caustique petit-maître,
Je fusse resté court, j'eusse rougi peut-être;
Mais ton esprit profond et surtout indulgent
D'une excuse à mes yeux m'a semblé le garant.

Je tremble néanmoins d'être taxé d'audace,
De venir, pour si peu, parler de dédicace,
Et de t'offrir l'hommage, à part son intérêt,
D'un écrit aussi faible et d'un si faible attrait.
Le mot *agriculture* en est la seule cause.
Un mot, diront des gens, c'est une étrange chose!
Un mot peut-il avoir force de talisman?
Mais doit-on leur répondre? en est-ce le moment?
Sur tes travaux futurs qu'ils portent leur pensée,
Qu'ils voyent la misère, aujourd'hui délaissée,
Retrouver par tes soins les jours d'Alcinoüs,
Les plaisirs, l'âge d'or du siècle de Janus.

Ah! qu'au tableau touchant d'un avenir prospère,
Après tous nos fléaux, la famine et la guerre,
Les funestes effets de nos dissensions,
Tant d'excès et d'abus parmi les nations,
Et les mœurs sans pouvoir cédant à la licence,
Quand tes vœux ont frappé les échos de la France,
Qu'ils viennent admirer ton bienveillant concours,
Par qui l'adversité doit épuiser son cours!

Tout devient positif. Le règne poétique
S'est éteint parmi nous; mais notre honneur antique
Va renaître à ta voix. L'honneur que tu chéris
Est fixé dans ces mots : *Bien servir son pays!*
Il sera donc pour nous un heureux point de mire,
La planche de salut au sortir du navire.

Nouveaux Cincinnatus, fatigués de combats,
De spectacles sanglans, de scandaleux débats,

Nous aussi près de toi, déposant notre armure,
Nous redirons en chœur : *Gloire à l'agriculture !*
Et bientôt les enfans onéreux aux cités [1]
Feront jaillir du sol mille prospérités !

La terre est un trésor d'où surgit l'abondance,
La paix, le vrai bonheur, et sa munificence
Ne demande à nos bras que des travaux constans.
Long-temps on moissonna des lauriers éclatans ;
Que dans les camps jadis où se plut la victoire,
Leur souche fécondée ombrage notre gloire,
Ainsi que les guerriers racontant leurs exploits
Pour charmer le silence et le repos des bois !

Un jour, espérons-le, on restreindra les villes
Pour agrandir encor tes bienfaisans asiles,
Et dans leur sein noyés, les beaux-arts, les talens
Importés au village, étreindront les élans
Des jeunes laboureurs formés à ton école.

La noblesse autrefois était tout agricole ;
C'est en quittant les champs qu'elle a dégénéré,
Pour venir s'effacer sous un éclat doré.
Ce sera dans les champs, par ta sagesse instruite,
Qu'elle recouvrera sa force et son mérite.
Devant tous ces pensers, si j'étais éloquent,
Et savais, comme toi, parler au sentiment,

---

[1] Les enfans trouvés et les sujets qu'ils ont concouru à former dans la suite, faute de principes fondamentaux.

J'aurais pu dans ces vers mériter une excuse
D'avoir à ce sujet interrogé ma muse.
De tes braves aïeux décrivant les châteaux,
Les bienfaits, les talens, les exploits, les travaux,
Les tournois, les combats, les vertus, la vaillance,
Peut-être m'eût-il suffi d'un peu de bienveillance;
Mais si le ciel enfin me refusant ce don,
J'ai paru trop hardi, je réclame un pardon.

ÉPITRE

A M. LE MARQUIS DE D*** B***,

PAIR DE FRANCE,

Au sujet de l'une de ses belles improvisations.

Brave marquis, dis-nous, comment rester muet
Quand ton esprit fécond, brillant du premier jet,
Vient de la liberté protéger la puissance,
Et mettre un mur d'airain entre elle et la licence ?
Quand, portant le flambeau sur ce siècle vanté,
Tu découvres soudain sa noire iniquité,
Et quand, des souvenirs évoquant la magie,
Tu marques les faux pas de la démagogie,
Les faux pas de l'empire et de ses déserteurs,
Avares des faux biens dont ils sont détenteurs?

Dans tes mâles accens, au feu de ton génie,
D'autres pourront puiser la force et l'harmonie ;
Moi, simple et sans talent, pour t'offrir quelques vers,
Je n'ai qu'un cœur sensible en butte à nos revers ;
A ces revers pour toi, devenus un grand maître,
Et qu'on doit vénérer puisqu'ils t'ont fait connaître !

Mon hommage, il est vrai, forme un mince tribut ;
Mais en te l'adressant, j'atteins un autre but :
De nos droits ébranlés par la foi politique
Je retrempe la base, instruit par ta logique,
Et recueille le feu de deux divers amours,
Par lequel sans excès s'embrasent nos discours !

L'un, pur, frappe mes yeux comme une chaste flamme ;
Comme ce labarum, glorieuse oriflamme,
Aux temps passés guidant le chevalier sans peur
Pour suivre les sentiers du véritable honneur !

L'autre en clinquant doré, agréable et superbe,
M'apparaît sous l'aspect de fleurs parsemant l'herbe ;
Sachant au sol ingrat attacher le regard,
Et n'ayant toutefois que le charme de l'art !

L'ame est donc le premier, cette source immortelle
D'où découlent les soins de l'ardeur maternelle,
Et les justes retours dans le cœur des enfans.
Accueille, noble pair, mes incertains élans ;

Permets-moi près de toi, pour calmer nos misères,
De nourrir le penchant que révéraient nos pères,
D'aimer et de chérir, jusqu'à verser des pleurs,
Les princes bienfaisans grandis par les malheurs.

Ton éloquente voix, tombant de la tribune,
M'a révélé de même une double fortune :
Celle de la naissance au-dessus de nos maux,
Et celle de l'argent levé sur les impôts.
Aussitôt s'est offerte, en mon cerveau pressée,
La foule de ces traits d'où jaillit la pensée,
Les laves de l'esprit, ces minerais brûlans
Qui sillonnent les monts pour enrichir leurs flancs ;
Cette sainte colère, entraînante et sublime,
Dont la force inconnue en secret nous anime,
Nous trouble, nous effraie et laisse en son chemin
Les utiles leçons de son pouvoir divin.
Ah ! me suis-je écrié, fuyez, êtres vulgaires :
En vain l'on se repaît de l'or des ministères ;
La naissance peut seule agrandir un pays,
Jamais ses sentimens ne se sont vus trahis :
L'orgueil est pour les sots, la grandeur est pour elle.
Au faîte des hauts rangs elle est encor plus belle,
Plus accorte, plus tendre et d'un éclat plus doux ;
Mais dans l'adversité supérieure aux dégoûts,
C'est là qu'est son triomphe, et c'est là que ses chaînes
Rappellent Régulus ou les vertus romaines ;
Les archives de sang ne la font point pâlir,
Rien ne peut l'ébranler, rien ne peut l'avilir !

Poursuis donc, noble pair, rends-lui son premier lustre,
Fais trembler les tyrans, tu deviendras illustre ;

Mais fais trembler aussi les fourbes ennemis,
Confonds les détracteurs des pouvoirs désunis,
Les bas affiliés de maints banquets sinistres,
Trompeurs des nations, des rois et des ministres,
Les bavards, les ingrats, parvenus dégoûtans,
De l'or des souverains gorgés dans tous les temps !
Un génie infernal a bercé leur enfance,
Ils encensent la guerre et prêchent la vengeance,
Puis se cachent soudain au fort de nos rumeurs,
Pour reparaître après comme médiateurs !

Heureux si, tout contrits dans leur morne défaite,
Ils ne découvrent point, caché dans sa retraite,
L'agent qui les servit pour le faire périr ;
Leur devise est souvent : *Régner sans coup férir !*

C'est assez nous tromper, nous, dont les destinées
Ont enduré l'enfer durant cinquante années.
La paix, l'ordre, le droit, voilà ce qu'il nous faut ;
Nos yeux sont fatigués de sang et d'échafaud.

Éloignons les faux dieux du sol de notre France,
Les intrigans vendus parlant d'indépendance,
Et nous forgeant des fers pour s'enrichir encor,
Ou payer leurs jongleurs de nos biens, de notre or !

Connaissons nos bourreaux, repoussons leur langage ;
Ils conduisent aux clubs, ensuite à l'esclavage ;

A l'esclavage abject de l'immoralité;
Enfant de l'ignorance et de la cruauté !

Poursuis donc, noble pair, et pardonne à ma lyre
De céder aux accès que ta vertu m'inspire ;
Je n'ai jamais trahi mes sermens, ni mon cœur,
Et mon encens est pur, s'il a peu de valeur !

DERNIER FEUILLET.

Par suite de l'état de perturbation où nous vivons depuis un demi-siècle, il devait nécessairement se former deux camps dans la littérature et les beaux-arts, de même que cela est arrivé en politique. Ce résultat était inévitable ; les républicains vinrent donc avec leurs innovations ou importations romantiques, et, se recueillant sur leurs maîtres, dont Montesquieu a retracé la grandeur et la décadence, ils bornèrent pour la plupart leurs études à quelques cours scientifiques, et aux émotions populaires des places publiques et des théâtres nouveaux.

Les autres, au contraire, fidèles aux longues méditations des anciens colléges, comme aux hommes qui les y avaient précédés et les avaient dirigés ensuite, restèrent *encroûtés*, d'après l'expression de leurs compétiteurs, dans le genre classique, dont la mine, ajoutent-ils, ne jette que des feux pâles, ou n'offre plutôt qu'un cratère expirant.

La restauration ayant à cœur de calmer le mauvais levain des esprits et des passions, accorda des faveurs et encouragemens aux uns comme aux autres, mais en cherchant toujours à ramener les premiers aux véritables et bons principes, et convaincue qu'ils étaient la source des grandes élucubrations en tout genre.

Elle avait ici pleinement raison, et si elle se trompa quelquefois et sur les hommes et sur les choses, cette route devait aboutir en dernière analyse au but qu'elle se proposait, c'est-à-dire, à ramener aux bonnes lettres, et surtout à la belle poésie dont l'écriture sainte porte le cachet d'un bout à l'autre.

Cependant les romantiques, jeunes et désireux de parvenir sur les ruines de tous leurs devanciers, avaient pour eux l'avantage d'une chose nouvelle, papillotante et séduisante par son fatras en filons dorés, et en France on réussit à moins, pourvu qu'on ait avec cela l'appui d'un patronage quelconque. Ils avaient celui de la révolution, et certes peu s'en fallut que l'ancien Parnasse français ne tombât lui-même; mais, par bonheur pour la société et les lettres, qualifiées autrefois du nom générique de république, tout changea en un moment, grâce au réveil des hommes d'énergie.

Alors le classique commença à paraître moins simple, moins froid, moins novice et moins bourgeois enfin. Son adversaire, vu de plus près, jeta dans l'étonnement ses plus chauds louangeurs, qui, sondant de plus en plus son terrain, y découvrirent un véritable bourbier revêtu d'une couche superficielle éblouissante, ou, pour parler sans hyperbole, un ramas considérable de mots recherchés, mais dont le défaut de rapport dans les idées sent le dévergondage et parfois la folie.

Tout le monde sait d'ailleurs quelles épithètes ces Christophe Colomb de la nouvelle terre du génie donnaient à nos plus illustres écrivains et auteurs, et cela contre le jugement de toutes les nations.

Quant à moi, je n'ai point la folle vanité de me classer parmi les hommes d'énergie auxquels on doit ce retour sous la restauration ; cependant je revendiquerai toujours le petit mérite d'avoir été assez bien inspiré, guidé par ma conscience et l'amour de mon pays, pour faire cause commune avec eux contre la ligue romantique.

On a long-temps abusé de la puissance littéraire pour saper les états dans leurs fondations ; l'on en abuse encore tous les jours en publiant de très-mauvais ouvrages, qui cachent sous leur écorce souvent attrayante les germes de la plus dangereuse immoralité. L'on doit encore à la restauration d'avoir cherché tous les moyens possibles de tarir cette source impure et perfide. On lui doit aussi beaucoup d'autres entreprises qui étaient de nature à lui promettre un sort moins funeste ; mais leurs déductions ne sauraient être du domaine d'une courte brochure écrite sans ordre , elles appartiennent à l'histoire, et réclament toute sa dignité et son impartialité.

Toutefois en voici le sommaire :

Rétablir entièrement l'éducation religieuse dans toutes les classes ;

L'institution des colléges fondés par saint Louis, François Ier et Henri IV, qui s'écriait : « J'aime » mieux qu'on diminue de ma dépense et qu'on re- » tranche de ma table pour en payer mes lecteurs. »

La pompe solennelle avec messe du Saint-Esprit, pour la rentrée des corps ;

Le maintien de la paix, quelque désavantageuse qu'elle paraisse au premier aperçu ;

Sa rupture dans la circonstance seule d'une hostilité ou agression flagrante bien prouvée ; la guerre n'ayant jamais laissé à sa suite que des maux souvent incurables, comme l'esprit de conquête, qui est contre le droit des gens et la lettre de l'Évangile ;

La protection sans limites à l'agriculture, ainsi qu'à toutes les sociétés et compagnies disposées à la seconder ;

La création de colonies de refuge sous la protection religieuse ;

L'établissement des enfans malheureux, etc.

Mais je suspens en songeant que le bon abbé de Saint-Pierre, qui a écrit tant de gros volumes pour la paix générale et constante, n'a été, pour ainsi dire, que le panégyriste de la religion catholique et des rois de France, qui se sont plu pour leur repos et celui de leurs sujets, à la professer pendant quatorze siècles.